● 전해리 글
✿ 원혜진 그림

나의 스마트폰 일기

찰칵

실전편

스마트폰, 시작부터 좋은 습관을 만들어요

스마트폰에는 재미있는 게 정말 많아요.

게임도 할 수 있고, 친구들과 메시지로 대화할 수도 있고,

전 세계 어린이들이 참여하는 챌린지도 할 수 있죠.

스마트폰을 하면 시간이 얼마나 지났는지도 모를 만큼 재미있어요.

하지만 스마트폰이 꼭 필요하지 않을 때도 손에서 놓지 못한다면,

무언가 잘못되고 있는 거예요.

내가 스마트폰의 주인이어야 하는데, 스마트폰이 나의 주인이 돼 버린 거죠.

《나의 스마트폰 일기 실전편》에서는 스마트폰에 휘둘리지 않고

똑똑하게 사용하는 방법을 알아볼 거예요.

스마트폰이 있는 어린이는 스마트폰 사용 습관을 점검하면서, 스마트폰이 없는

어린이는 스마트폰이 생긴다면 어떻게 쓸지 생각하면서 책에 나오는 활동을

해 보세요. 틀림없이 스마트폰을 쓰는 좋은 습관을 만들 수 있을 거예요.

이제 시작해 볼까요?

차례

- 부모님께 드리는 글 ——— 4
- 나는 지금 스마트폰이 필요할까? ——— 8
- 언제 스마트폰이 필요할까? ——— 10
- 스마트폰이 필요한 이유는? ——— 11
- 스마트폰으로 할 수 있어! ——— 12
- 스마트폰의 장단점 ——— 14
- 스마트폰 사용 계약서 쓰기 ——— 16
- 스마트폰 똑똑하게 쓰기 ——— 28
- 스마트폰 사용 실전

스마트폰 사용 계약서 · 39

스크린 타임 기록장 · 43

부모님께 드리는 글

스마트폰을 하루에 몇 시간 정도 사용하시나요? 가장 많이 쓰는 앱 세 개를 떠올려 보세요. 그리고 지금 스마트폰 설정으로 들어가서 확인해 보세요. 예상과 일치하나요?

스마트폰이 얼마나 매력적인 기계인지는 굳이 설명하지 않겠습니다. 어른도 스마트폰 사용 시간을 조절하기 힘든데 어린이는 얼마나 어려울까요. 하지만 평생 함께할 스마트폰이기에 첫걸음부터 건강한 습관을 만드는 것이 중요합니다.

우리나라에서 개봉하는 영화와 광고는 영상물등급위원회에서 등급을 분류합니다. 텔레비전 방송 프로그램은 방송사에서 자율적으로 등급을 정하고 방송통신심의위원회의 사후 심의를 받습니다. OTT에서도 자체 등급 분류 제도를 운영합니다.

영상물 등급 분류는 우리나라뿐만 아니라 세계 많은 나라에서 시행하고 있습니다. 등급에 맞지 않는 영상물은 당장 눈에 보이진 않지만 인간에게 안 좋은 영향을 준다는 사실을 알기 때문일 것입니다. 그런데 우리가 자주 보는 유튜브 영상은 타 기관에서 관리나 심의를 받지 않습니다.

유튜브는 크리에이터의 영상물을 연령에 따라 분류하지 않습니다. 크리에이터가 업로드할 때 아동용인지 아닌지를 스스로 선택하고, 특정 영상에는 광고 게재에 적합하지 않다는 의미의 노란 달러 모양 아이콘을 붙일 뿐입니다. 이러한 환경에서 전체 어린이의 75.3%가 유튜브를 이용하며, 하루 평균 1시간 23분을 소비합니다.* 아이들은 유튜브에서 어떤 영상과 댓글을 볼까요?

스마트폰은 온라인 세계로 접속하는 문입니다. 컴퓨터, 태블릿과 달리 항상 몸에 지닐 수 있어서 언제 어디서든 원하는 온라인 세계로 대부분 들어갈 수 있습니다. 넘치는 정보 속에서 어린이의 진입을 막는 장벽을 뛰어넘는 요령도 얼마든지 찾을 수 있고요.

사용자의 개인 정보가 유출되는 일도 허다합니다. 스마트폰이라는 문을 열고 어떤 콘텐츠에 접근할지 스스로 판단하는 능력과 과의존하지 않는

* 2023년 어린이 미디어 이용조사, 한국언론진흥재단

습관이 필요한 이유입니다.

어떻게 건강한 스마트폰 사용 습관을 기를 수 있을까요?
호주의 미디어 연구 기관에서는 부모에게 네 가지 방안을 제안합니다.

① 스크린 타임 규칙을 정하세요.
② 야외에서 아이와 시간을 보내세요.
③ 아이의 롤모델이 되세요.
④ 자녀가 침실에서 오직 수면만 할 수 있게 지도하세요.

이 책에서는 ①번 스크린 타임 규칙을 위한 계약서와 활동지를
다루었습니다. 스크린 타임을 기록하는 일은 메타인지적 모니터링입니다.
스마트폰 사용 패턴을 파악하고, 올바른 사용 습관을 형성하는 데에
도움이 될 것입니다. 아이들의 롤모델이 되기 위하여 부모님도 이 과정을
해 보길 권합니다.

또한 할 수 있는 유일한 취미가 스마트폰이 되지 않도록 다양한 취미를
가족이 함께 만들면 좋겠습니다. 현실에 즐거움과 행복이 있다면

스마트폰이라는 문을 조금 덜 열지 않을까요?

《나의 스마트폰 일기 실전편》에는 자녀와 함께 슬기로운 스마트폰 생활을 시작할 수 있는 방법을 가득 담았습니다. 지금 도전해 보세요. 여러분을 응원합니다.

전해리

자녀와 함께 시작하기 전에 아래 기능을 직접 사용해 보세요.
어렵다면 구글에서 검색하거나 인공 지능 서비스에 물어보세요.
친절하게 알려 줄 거예요.

- 자녀 스마트폰 관리 기능 알아보기
- 일간 또는 주간 스크린 타임 확인하기
- 앱 사용 시간 설정하기
- 알고리즘이 끝없이 영상을 들이밀지 않도록 유튜브 시청 기록 멈추기

나는 지금 스마트폰이 필요할까?

스마트폰이 정말 필요한지, 쓸 준비가 되었는지 알아보자.
1번부터 차례대로 읽고 답을 한 다음, 나온 점수를 모두 더해.
점수에 따라서 알맞은 진단을 받을 수 있어.

1. 부모님과 언제든 연락해야 한다.
   예 → 2점   아니오 → 0점

2. 스마트폰이 없어도 숙제나 공부하는 데 불편함이 없다.
   예 → 2점   아니오 → 0점

3. 친구들과 온라인(카톡, 게임 등)에서 자주 연락해야 한다.
   예 → 2점   아니오 → 0점

4. 스마트폰을 약속한 시간만큼만 쓰고 그만둘 수 있다.
   예 → 2점   아니오 → 0점

5. 유튜브나 게임을 오래 하지 않을 자신이 있다.
   예 → 2점   아니오 → 0점

6. 부모님과 정한 스마트폰 사용 규칙을 잘 지킬 수 있다.
   예 → 2점   아니오 → 0점

7. 스마트폰이 없어도 친구들과 재미있게 놀 수 있다.
   예 → 2점   아니오 → 0점

8. 스마트폰 때문에 숙제나 공부에 방해받지 않는다.
   예 → 2점   아니오 → 0점

9. 온라인에서 모르는 사람이 말을 걸면 대답하지 않고 부모님께 알린다.

예 → 2점   아니오 → 0점

10. 스마트폰이 없어도 일상생활이 크게 불편하지 않다.

예 → 2점   아니오 → 0점

나의 점수 :

✅ 결과 확인!

0~4점 : **휴대폰이 필요 없어요!**
아직은 휴대폰이 없어도 불편하지 않아요. 정말로 스마트폰이 필요할 때를 기다려 보는 건 어떨까요?

5~8점 : **키즈 워치폰을 추천해요**
키즈 워치폰은 급할 때 전화할 수 있지만 인터넷과 게임은 안 돼요. 이 정도면 충분하죠?

9~12점 : **키즈 폰이 좋아요!**
키즈 폰은 전화와 문자, 몇 가지 앱(교육용 앱 등)은 사용할 수 있지만, 게임과 SNS는 제한돼요.

13~16점 : **피처폰이면 충분해요**
피처폰은 통화와 문자만 할 수 있어요. 꼭 필요한 연락은 피처폰으로도 할 수 있으니 피처폰을 추천해요.

17~20점 : **스마트폰을 쓸 준비가 되었어요!**
스마트폰을 사용할 준비가 되었군요. 부모님과 사용 규칙을 정하고, 반드시 지키기로 약속한 다음 스마트폰을 쓰기로 해요.

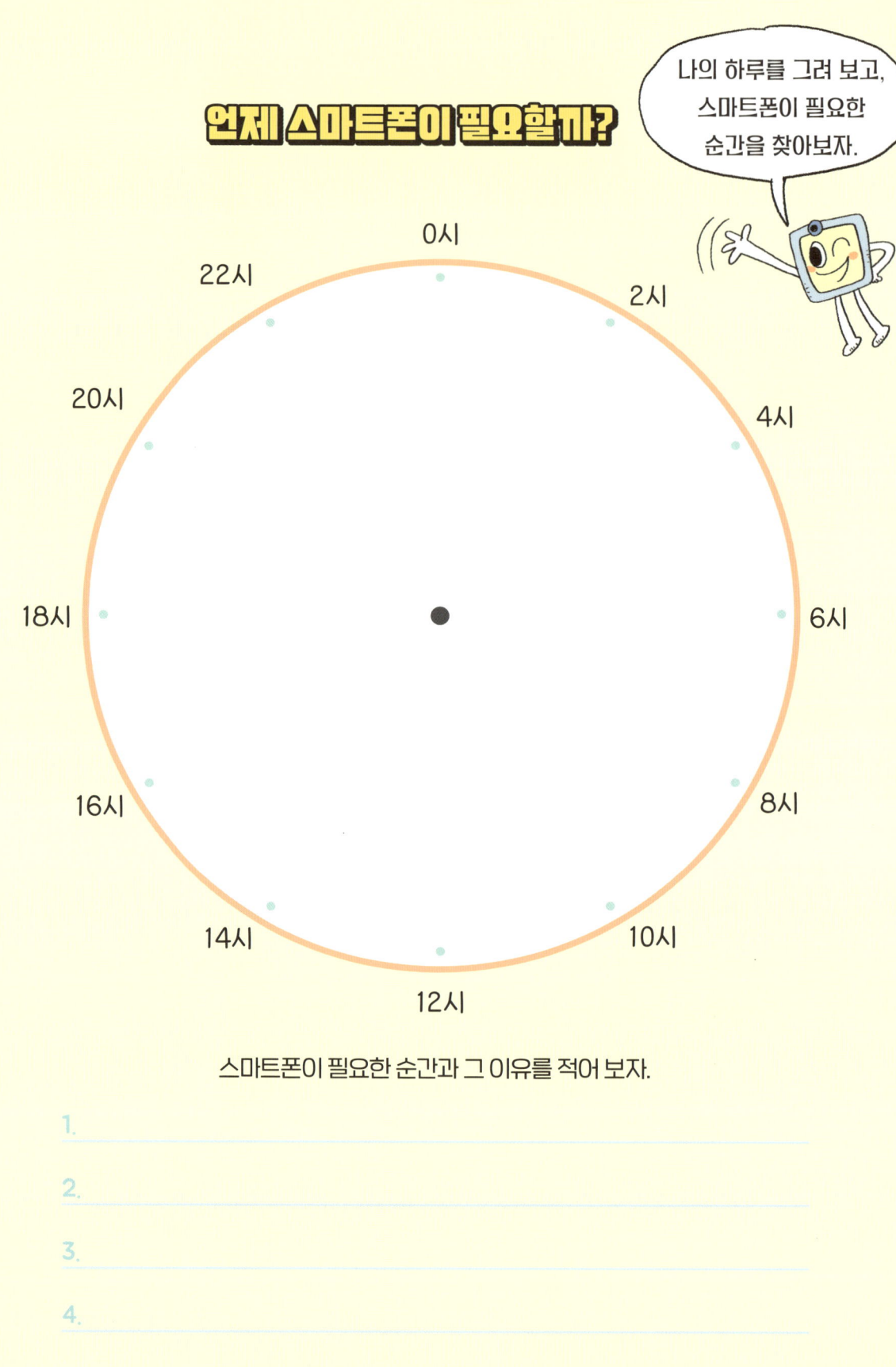

스마트폰이 필요한 순간과 그 이유를 적어 보자.

1.
2.
3.
4.

스마트폰이 필요한 이유는?

집에서 쓰는 컴퓨터나 태블릿 말고, 왜 꼭 스마트폰이어야 할까? 스마트폰이 필요한 이유를 5개만 적어 보자.

1.
2.
3.
4.
5.

다양한 정보를 얻고, 재미있는 콘텐츠를 만들어서 친구들과 공유하는 건 컴퓨터나 태블릿으로도 할 수 있어. 하지만 들고 다닐 수가 없으니 언제 어디서나 할 수는 없어.

그래서 내가 필요한 거야!

스마트폰으로 할 수 있어!

스마트폰으로 할 수 있는 일이 많아. 친구들은 스마트폰을 어떻게 쓰는지 살펴보고, 내가 스마트폰으로 하고 싶은 일도 적어 보자.

하니
나는 별자리 보는 걸 좋아해. 별자리 보는 앱을 다운로드해서 주말 저녁에 아빠와 같이 산책할 때 써.

진이
좋아하는 가수의 노래를 알람으로 설정했어. 아침마다 노래를 들으며 일어나니까 기분이 좋아.

찬성
아침 먹고 집을 나서기 전에 오늘 할 일을 메모에 기록해. 그러면 해야 할 일을 절대 잊어버리지 않아.

제이
내 꿈은 유튜브 크리에이터야. 스마트폰으로 좋아하는 유튜브 크리에이터의 영상을 보는데, 하루에 1시간만 보도록 시간 제한 기능을 쓰고 있어. 그러지 않으면 너무 오래 보게 되거든.

준이
스마트폰 게임은 정말 재미있어. 스마트폰으로 게임을 하면 시간 가는 줄 모르고 빠져들게 돼. 그래서 할 일을 마친 다음, 하루 30분 동안만 게임하기로 부모님과 약속했어.

스마트폰의 장단점

가위는 조심히 잘 쓰면 종이를 자르는 편리한 도구지만,
잘못 쓰면 손을 다칠 수 있어. 이처럼 도구는 대부분 장점과 단점이
있어. 그래서 어떻게 쓰느냐가 중요해.

스마트폰도 마찬가지야.
잘 쓰면 스마트해지지만 잘못 쓰면 몸도 마음도 망가지지.
스마트폰의 장단점을 잘 생각해 보고, 빈칸에 적어 보자.

 **스마트폰의 장점**

 **스마트폰의 단점**

스마트폰 사용 계약서 쓰기

스마트폰 사용 계약서는 스마트폰을 어디에 얼마나 쓸지 부모님과 약속한 내용을 적은 종이야. 스마트폰을 쓰는 좋은 습관을 만드는 데 큰 도움이 되지. 순서대로 계약서를 써 보면서 올바른 스마트폰 사용 습관을 만들어 보자.

1. 스마트폰 앱 정하기

스마트폰을 쓰는 목적에 따라 어떤 앱을 쓸지, 얼마나 쓸지 미리 약속하면 스마트폰을 안전하고 현명하게 쓸 수 있어. 나에게 어떤 앱과 기능이 필요한지 적어 보자.

- 알람: 아침에 스스로 일어나려면 알람 기능이 꼭 필요해.

- 전화: 급한 일이 생겼을 때 부모님께 연락해야 해.

- _____

- _____

- _____

2. 사용 시간 정하기

스마트폰이 아무리 장점이 많아도 오래 쓰면 좋을 리가 없겠지?

스마트폰을 하루에 얼마큼 쓸지 적당한 시간을 정해 보자.

게임이나 틱톡처럼 한번 시작하면 멈추기 어려운 앱은

따로 사용 시간을 정해 두는 게 좋아.

_____는 스마트폰을 하루에 ____분 동안 쓰기로 약속합니다.

_____앱은 하루에 _____분 동안만 합니다.

_____앱은 하루에 _____분 동안만 합니다.

_____앱은 하루에 _____분 동안만 합니다.

3. 스크린 타임 기록장 확인하기

스마트폰을 하루에 얼마나 썼는지, 어떤 앱을 많이 썼는지 스크린 타임 기능으로 확인할 수 있어.

스크린 타임을 기록하고, 주기적으로 확인하면 건강한 스마트폰 사용 습관을 만드는 데 도움이 돼.

스크린 타임 기록장 쓰는 방법은 34쪽에서 알려 줄게.

계약서에는 부모님과 의논해서 일주일에 한 번씩 스크린 타임 기록장을 확인한다는 내용을 적어 놓자.

> 매주 _____ 요일에 부모님과 함께 스크린 타임 기록장을 쓰면서 스크린 타임을 점검합니다.

4. '스마트폰 없는 날' 정하기

일주일에 하루 정도는 스마트폰 없이 지내는 게 좋아.

스마트폰을 쓰면서 구부정하게 숙이고 있는 몸을 펴고, 스마트폰을 하는 동안 수동적이었던 뇌도 열심히 써 보는 거야.

우리가 스마트폰을 할 때 자세를 생각해 봐.

'스마트폰 없는 날'엔 몸을 반대로 해 볼까?

멀리 보면서 눈을 쉬게 하고, 등을 쭉 펴고 고개를 들어 주변을 둘러보고, 밖에서 가족이나 친구와 함께 몸을 힘차게 움직여 보자.

스마트폰은 좋은 도구지만 너무 오래 쓰면 우리 뇌에 안 좋은 영향을 줘.

스마트폰을 오래 하면…

- 잠자는 시간이 줄고, 공격성이 높아져 우울해질 수 있다.
- 뇌에서 보내는 배부르다는 신호를 놓쳐 많이 먹을 수 있다.
- 뇌에서 충동(갑자기 무언가를 하고 싶은 마음)을 조절하지 못해서 참을성이 없어지고 집중력이 약해진다.

우리 뇌 속의 전두엽은 어떤 일에 집중하고, 결정하고, 계획을 세우는 일을 해. 어린이의 전두엽은 아직 완전히 자라지 않았기 때문에 유튜브 쇼츠 같은 짧은 영상이나 게임이 주는 강한 자극에 훨씬 더 약해.

그 결과 전두엽이 영향을 받아서 집중도 잘 못하게 되고, 책 읽기나 습관 만들기 같은 긴 시간이 필요한 일도 점점 하기 힘들어져.

하지만 좋은 소식도 있어. 한 연구에 따르면 스마트폰 인터넷을 2주 동안 멈췄더니 덜 우울해지고, 한 가지 일에 집중하는 주의력이 높아졌대.
인터넷을 아예 끊은 것이 아니라, 스마트폰으로 하는 것만 멈췄을 뿐인데 말이야! 이 실험 참가자들은 잠도 더 잘 자고, 사람들도 많이 만났대.

'스마트폰 없는 날'이 왜 필요한지 이제 알겠지?
가족과 의논해서 일주일에 하루 정도는 스마트폰이 없이 지내 봐.

매주 _____ 요일은 '스마트폰 없는 날'로 보내기로 약속합니다.

5. 안전 규칙 추가하기

주위를 살피지 않고 스마트폰에만 집중하다가 사고가 일어나는 경우가 많아. 스마트폰으로 개인 정보가 노출되거나 낯선 사람이 접근하는 일도 있지.

스마트폰을 안전하게 쓰려면 반드시 지켜야 하는 규칙이 있어. 어떤 규칙을 계약서에 넣을지 생각해 보자.

- 걷거나 뛸 때 스마트폰을 쓰지 않습니다.
- 스마트폰으로 몸을 찍은 사진과 영상을 누구에게도 보내지 않습니다.
- _____는 스마트폰 비밀번호를 부모님께 알려 줍니다.
- _____
- _____
- _____

6. 스마트폰 사용 예절 지키기

스마트폰을 쓰면서 주변에 피해를 입히면 절대 안 되겠지?

스마트폰 에티켓을 지키면 다른 사람에게 피해를 주지 않아.

스마트폰이 방해가 될 수 있는 장소를 찾아 적어 보자.

- 스마트폰을 쓰면 안 되는 장소: _____
- 작은 목소리로 짧게 통화해야 하는 장소: _____
- 스마트폰 빛이 방해가 되는 장소: _____

내가 보낸 메시지나 SNS에 올린 내용 때문에 기분이 상하는 사람이 있어서도 안 되겠지?

_____는 누군가를 욕하거나 듣는 사람이 기분 상할 이야기는 절대 하지 않습니다.

7. 스마트폰 계약 위반 페널티

페널티란 약속을 어겼을 때 받는 벌을 뜻해. 규칙을 잘 지키기 위해 필요하지. 건강한 스마트폰 사용 습관을 만들기 위해서 우리 계약서에도 페널티가 있어야 해.

페널티 예를 보여 줄게. 부모님과 의논해서 계약서에 적은 약속을 지키지 못했을 때는 어떻게 할지 결정해 보자.

- '스마트폰 없는 날'을 하루 더 늘린다.
- 약속을 어기게 만드는 기능이나 앱을 지운다.
- 반성문 _____장을 쓴다.
- 벌금 _____원을 낸다.

_____의 스마트폰 사용 계약서

1. 스마트폰 기본 규칙

❶ _____의 스마트폰은 부모님께 빌려 쓰는 것입니다. 그러므로 부모님 의견을 따라야 합니다.

❷ 집에 오면 스마트폰을 보관함에 두고 필요할 때만 씁니다.

❸ 잠자리에 들 때도 스마트폰을 보관함에 둡니다.

❹ _____는 유튜브, 틱톡 등은 집에서 태블릿으로 봅니다.

❺ _____는 스마트폰으로 가족, 친구, 선생님과만 연락합니다. 모르는 사람이 연락하면 부모님께 반드시 알립니다.

2. 스마트폰 기능과 사용 시간

❶ _____는 스마트폰의 전화, 문자, 카메라 기능과 _____, _____ 앱을 씁니다.

❷ _____는 _____ 앱을 하루에 _____분만 씁니다.

　　　_____는 _____ 앱을 하루에 _____분만 씁니다.

더 길게 써야 할 때는 부모님의 허락을 받습니다.

❸ _____는 스마트폰과 태블릿을 합쳐서 하루에 _____ 동안만 씁니다.

3. 스크린 타임 관리

❶ 매주 _____ 요일에 부모님과 함께 스크린 타임 기록장을 쓰면서 스크린 타임을 점검합니다.

4. 스마트폰 없는 날

❶ 매주 _____ 요일은 '스마트폰 없는 날'로 보내기로 약속합니다.

5. 스마트폰 안전 규칙

❶ 걷거나 뛸 때 스마트폰을 쓰지 않습니다.

❷ 스마트폰으로 몸을 찍은 사진과 영상을 누구에게도 보내지 않습니다.

❸ _____ 는 스마트폰 비밀번호를 부모님께 알려 줍니다.

❹ _____ 는 부모님이 허락하는 앱만 설치합니다.

❺ _____ 는 스마트폰 자녀 보호 기능을 사용하는 데 동의합니다.

❻ 멀티태스킹을 하지 않습니다.

6. 스마트폰 사용 예절 지키기

❶ 식탁에서 스마트폰을 쓰지 않습니다.

❷ 누군가를 욕하거나 기분을 상하게 하는 문자, 이메일 등을 보내지 않습니다.

❸ 식당이나 버스, 지하철, 공공장소에서는 큰 소리로 통화하지 않습니다.

❹ 영화관에서는 스마트폰을 꺼 둡니다.

7. SNS 사용 규칙

❶ _____는 15살이 될 때까지 SNS 계정을 만들지 않습니다.

8. 계약 위반 페널티

계약서에 적힌 약속을 어겼을 경우 아래 보기 중 하나를 골라 페널티를 받습니다.

- '스마트폰 없는 날'을 하루 더 늘린다.

- 약속을 어기게 만드는 기능이나 앱을 지운다.

- 반성문 _____장을 쓴다.

- 벌금 _____원을 낸다.

계약서 내용은 가족회의를 통해 고칠 수 있습니다.

아빠:_____ 엄마:_____ ____:_____

스마트폰 똑똑하게 쓰기

1. 문자 메시지 보내기 전에 확인해

같은 말이라도 만나서 직접 하는 것과 문자 메시지로 보내는 것 사이에는 차이가 있어. 얼굴을 보고 대화하면 말하는 사람의 표정이나 몸짓으로도 감정이 전달되지만, 글자만으로는 감정이 전달되지 않거든.

그래서 문자 메시지를 보낼 때는 신중해야 해. 문자 메시지를 보내기 전에 아래 내용을 읽고 꼭 확인해 봐.

문자 메시지를 보내기 전 확인해야 할 세 가지

❶ **하고 싶은 말을 입력하고 보내기 전에 꼭 한 번 더 읽어 보자.** 이 메시지를 받으면 상대방이 어떤 기분이 들지 생각하며, 내용을 점검해 봐야 해.

❷ **맞춤법을 잘 지켰는지 확인해 보자.** 맞춤법을 틀리면 의미가 제대로 전달되지 않아. 미리미리 맞춤법 공부를 해 두면 도움이 되겠지?

❸ **이모티콘을 너무 많이 썼는지 점검해 보자.** 이모티콘은 글자만큼 의미가 정확하지 않아. 내 생각을 정확히 전달하려면 이모티콘을 많이 쓰지 않는 게 좋아.

2. 스마트폰으로 건강을 지키자

스마트폰에는 건강 관리 기능이 있어. '건강', '헬스', '피트니스' 등 건강 관리 앱의 이름은 다양하지만 기능은 비슷해. 아래 내용을 보면서 건강 관리를 시작해 보자.

❶ 건강 관리 앱을 열면 여러 가지 숫자와 그래프가 나와. 그걸 보면 오늘 하루 얼마나 운동했는지, 그러면서 칼로리를 얼마나 소모했는지, 몇 걸음이나 걸었는지 다 알 수 있어.

❷ 과거 기록과 비교해 볼 수도 있어. 예를 들어, 지난주와 이번 주 걸음 수를 비교하면서 운동을 잘하고 있는지 점검해 볼 수 있지.

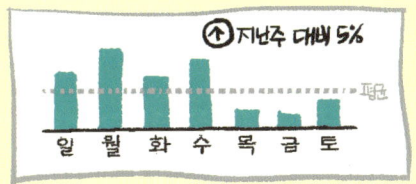

❸ 앱에서 하루 운동 목표를 설정해 두면 건강 관리에 도움이 돼. 예를 들어, 하루에 5000걸음을 걷겠다고 목표를 설정하는 거지. 가끔 건강 관리 앱을 열면 얼마나 걸었는지 보여 줘. 그걸 보면서 목표 달성을 위해 더 움직이면 더 건강해지겠지?

❹ 운동 목표를 가족이나 친한 친구와 공유할 수 있어. 서로 경쟁하다 보면 아무래도 목표를 달성하기 위해서 더 노력하게 돼. 지금 일어나서 잠깐 걸을래? 오늘 목표도 채워야지.

3. 스마트폰으로 해야 할 일을 챙기자

스마트폰은 나의 목표, 할 일을 기록하기에 아주 좋은 도구야. 미래에 할 일을 기억하는 건 아주 어려운 일이야. 스마트폰에 할 일을 기록해 두고 알림 기능까지 활용하면 그 어려운 일을 해낼 수 있어. 한 단계씩 해 볼까?

매주 할 일을 잊지 않는 방법

❶ **매주 수요일 저녁 8시 줄넘기하기**를 입력해 보자.

❷ '**캘린더**' 또는 '**달력**' 앱에 들어가서 '**+**'를 눌러.

❸ '제목'에 '줄넘기하기'를 입력해.

❹ 날짜는 다가올 수요일, 시간은 오후 8시로 저장해.

❺ '반복'을 누르고 '매주'를 선택해.

❻ 알림 방법을 설정해. 30분 전에 알림이 오게 설정하면 미리 준비할 시간을 벌 수 있어.

❼ 마지막으로 '저장' 또는 '완료'를 누르면 끝!

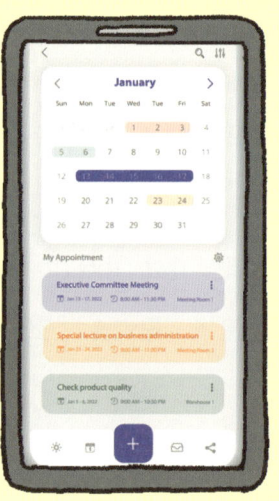

할 일을 잊지 않는 체크리스트 사용법

스마트폰의 메모 기능을 활용하거나 스토어에서 '체크리스트' 또는 'to do list'로 검색해서 필요한 앱을 다운로드해서 쓰면 돼.

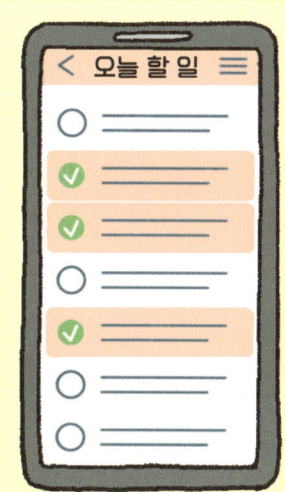

❶ 캘린더 앱을 쓰는 것과 비슷해. 앱에 들어가서 날짜를 누르고, 할 일을 입력해. 시간도 설정할 수 있어.

❷ 목록을 작성한 다음 '저장' 또는 '완료'를 누르면, 할 일 앞에 동그라미가 있는 목록이 생겨.

❸ 할 일을 다 하고 나면 동그라미를 눌러 완료 표시를 해.

캘린더와 체크리스트를 쓸 때 색을 정하면 쉽게 알아볼 수 있어서 좋아. 공부와 관련된 것은 파랑색, 취미는 주황색, 가족이 함께 하는 일은 노란색 이렇게 말이야. 처음에는 부모님과 같이 하면서 사용법을 배워 봐.

4. 스마트폰으로 내 생각을 기록하자

 스마트폰 메모 기능은 기록을 편리하게 해 줘. 급하게 기억해야 할 내용을 기록할 때, 일기 쓸 때, 내 생각을 적어 둘 때 쓸 수 있지. 어떻게 쓰는지 알려 줄게.

❶ '메모' 또는 '노트' 앱에 들어가.

❷ 연필 모양이나 '+' 표시를 누르면 새 메모를 쓸 수 있어.

❸ 쓰고 싶은 내용을 적어. 글자 색을 바꿀 수도 있고, 이모티콘을 사용할 수도 있어.

❹ 사진이나 동영상을 넣고 싶으면 클립 모양을 누르면 돼.

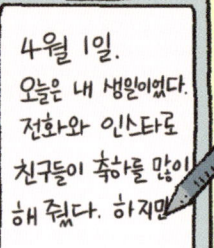

5. 내 개인 정보는 내가 지킨다

개인 정보는 이름, 주소, 전화번호, 이메일 등 개인을 알아볼 수 있는 정보야. 다른 사람의 개인 정보를 이용해서 범죄를 저지르는 나쁜 사람들이 있어. 그러니 개인 정보는 철저히 지켜야 해. 어떻게 하는지 살펴볼까?

1. 개인 정보 숨기기

온라인에서 개인 정보를 공개해선 안 돼. 누구나 볼 수 있기 때문이야. 글이나 댓글에 써도 안 돼. 개인 정보를 묻는 사람이 있다면 부모님께 바로 알려.

2. 링크는 확실한 것만

오픈 채팅방 초대, 온라인 게시판, 모르는 번호로 온 문자에 있는 링크는 절대 누르지 마. 개인 정보를 도둑 맞거나 스마트폰이 순식간에 해킹당할 수도 있어.

3. 사진이나 영상은 조심 또 조심

찍고 나면 항상 개인 정보가 담겼는지 확인해. 택배 박스의 송장, 배경에 찍힌 건물만으로도 네가 사는 곳을 유추할 수 있어. 학교와 동네까지 알 수 있다고!

4. 내가 있는 곳은 절대 비밀

온라인에 사진을 올릴 때, 지금 내가 있는 장소를 상대방이 모르게 해야 해. 장소의 특징이 보이지 않게 사진을 찍고, 함부로 온라인에 사진을 올리지 마.

5. 개인 정보 도둑 앱 피하기

어떤 앱은 개인 정보를 많이 요구해. 앱을 다운로드할 때는 꼭 부모님과 같이 하자.

6. 와이파이도 확실한 것만

보안이 약한 와이파이로 온라인에 접속하면 개인 정보가 새 나갈 수 있어. 해커가 네 스마트폰을 들여다볼지도 모르니, 제공자와 비밀번호가 확실한 와이파이를 사용해야 해.

7. 스마트폰 빌려주지 않기

모르는 사람에게 스마트폰을 빌려주지 마. 스마트폰을 훔쳐 가거나 이상한 앱을 깔 수도 있어. 어른은 어린이에게 도움을 요청하지 않는다는 것을 기억해!

6. 스크린 타임 관리하기

스크린 타임 기능은 게임을 하루에 얼마나 하는지, 유튜브는 얼마나 보는지 정확히 알려 주어서 스마트폰 사용 시간 관리에 도움이 돼.

스크린 타임은 안드로이드 휴대폰은 설정>디지털 웰빙 및 자녀 보호 기능, 아이폰은 설정>스크린 타임에서 확인할 수 있어.

43쪽부터 나오는 '스크린 타임 기록장'을 이렇게 활용해 봐.

① 이번 주에 스마트폰과 태블릿을 사용한 시간만큼 칸을 색칠해 봐.

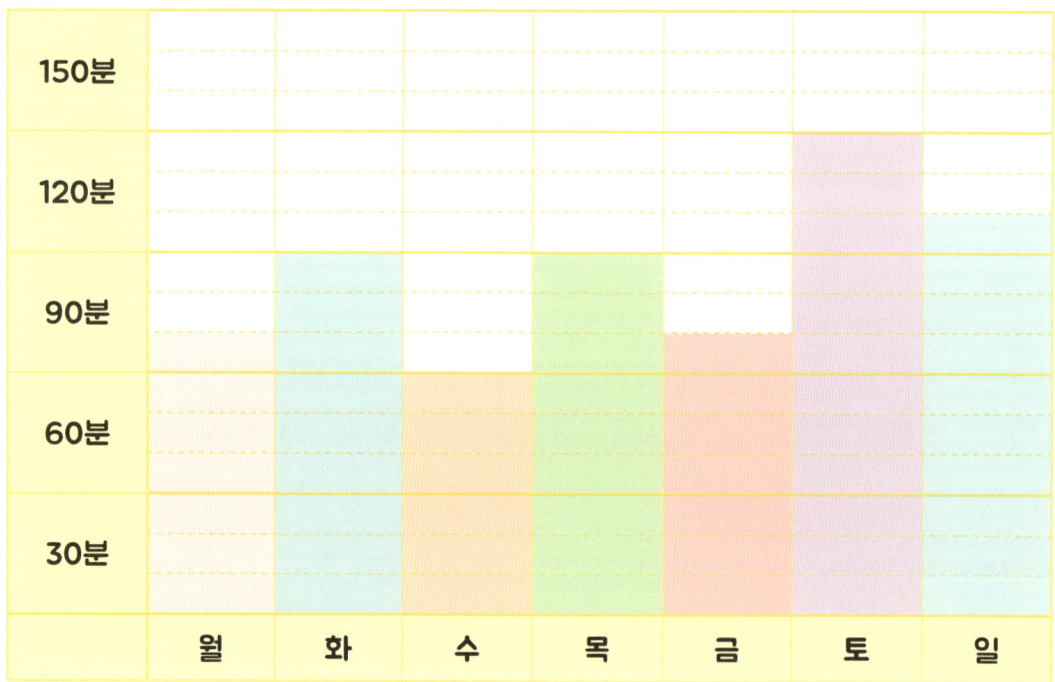

② 이번 주 총 사용 시간: 10시간

③ 이번 주 하루 평균 사용 시간: 1시간 25분

④ 이번 주 가장 많이 사용한 앱:

❶ 유튜브 ❷ 브롤스타즈 ❸ 카카오톡

⑤ 이번 주 하루 평균 스마트폰 깨우기 횟수: 41회

* 스마트폰을 깨운다는 건 스마트폰 화면을 건드려서 켜는 걸 말해.
횟수가 많을수록 다른 일에 집중하지 못하고 자꾸 스마트폰을 본다는 뜻이야.

⑥ 계약 내용을 잘 지킨 요일에 동그라미

월   화   ㊀   목   금   토   일

⑦ 스크린 타임 일기

약속한 시간보다 더 오래 스마트폰과 태블릿을 썼다.

스마트폰은 잘 지켰는데 태블릿으로 유튜브를 많이 봐서 그런 것 같다.

다음 주에 스마트폰 없는 날을 하루 더 늘리기로 했다.

7. 스마트폰과 거리 두는 방법

① 사용 시간 제한

앱마다 사용 시간을 설정할 수 있어.

 유튜브를 조금만 보고 싶다면 유튜브 앱에 하루 30분 시간 제한을 둬. 30분이 다가오면 알림이 오기 때문에 그만 볼 수 있어. 설정에 들어가서 스크린 타임 또는 디지털 웰빙 및 자녀 보호 기능을 누르고, 앱 시간 제한을 설정해 두면 돼.

② 알림 끄기

앱에서 보내는 알림은 자꾸 스마트폰을 보고 싶게 해.
문자와 전화, 급한 연락을 주고받는 앱의 알림을 빼고,
나머지 앱은 알림이 오지 않도록 설정하자.
설정에서 알림을 누르면 앱마다 알림 끄기를 설정할 수 있어.

③ 방해 금지 모드 설정

잠자는 시간이나 공부할 때, 집중해야 할 때는 방해 금지 모드로 설정해서 스마트폰 알림을 받지 않을 수 있어.
설정에서 방해 금지 모드 또는 집중 모드를 누르면 돼.

_____의 스마트폰 사용 계약서

1. 스마트폰 기본 규칙

❶ _____의 스마트폰은 부모님께 빌려 쓰는 것입니다. 그러므로 부모님 의견을 따라야 합니다.

❷ 집에 오면 스마트폰을 보관함에 두고 필요할 때만 씁니다.

❸ 잠자리에 들 때도 스마트폰을 보관함에 둡니다.

❹ _____는 유튜브, 틱톡 등은 집에서 태블릿으로 봅니다.

❺ _____는 스마트폰으로 가족, 친구, 선생님과만 연락합니다. 모르는 사람이 연락하면 부모님께 반드시 알립니다.

2. 스마트폰 기능과 사용 시간

❶ _____는 스마트폰의 전화, 문자, 카메라 기능과 _____, _____ 앱을 씁니다.

❷ _____는 _____ 앱을 하루에 _____분만 씁니다.
_____는 _____ 앱을 하루에 _____분만 씁니다.
더 길게 써야 할 때는 부모님의 허락을 받습니다.

❸ _____는 스마트폰과 태블릿을 합쳐서 하루에 _____ 동안만 씁니다.

3. 스크린 타임 관리

❶ 매주 _____요일에 부모님과 함께 스크린 타임 기록장을 쓰면서 스크린 타임을 점검합니다.

4. 스마트폰 없는 날

❶ 매주 _____요일은 '스마트폰 없는 날'로 보내기로 약속합니다.

5. 스마트폰 안전 규칙

① 걷거나 뛸 때 스마트폰을 쓰지 않습니다.

② 스마트폰으로 몸을 찍은 사진과 영상을 누구에게도 보내지 않습니다.

③ _____는 스마트폰 비밀번호를 부모님께 알려 줍니다.

④ _____는 부모님이 허락하는 앱만 설치합니다.

⑤ _____는 스마트폰 자녀 보호 기능을 사용하는 데 동의합니다.

⑥ 멀티태스킹을 하지 않습니다.

6. 스마트폰 사용 예절 지키기

① 식탁에서 스마트폰을 쓰지 않습니다.

② 누군가를 욕하거나 기분을 상하게 하는 문자, 이메일 등을 보내지 않습니다.

③ 식당이나 버스, 지하철, 공공장소에서는 큰 소리로 통화하지 않습니다.

④ 영화관에서는 스마트폰을 꺼 둡니다.

7. SNS 사용 규칙

① _____는 15살이 될 때까지 SNS 계정을 만들지 않습니다.

8. 계약 위반 페널티

계약서에 적힌 약속을 어겼을 경우 아래 보기 중 하나를 골라 페널티를 받습니다.

- '스마트폰 없는 날'을 하루 더 늘린다.
- 약속을 어기게 만드는 기능이나 앱을 지운다.
- 반성문 _____장을 쓴다.
- 벌금 _____원을 낸다.

계약서 내용은 가족회의를 통해 고칠 수 있습니다.

아빠:_____ 엄마:_____ ____:_____

_____의 스마트폰 사용 계약서

1. 스마트폰 기본 규칙

❶ _____의 스마트폰은 부모님께 빌려 쓰는 것입니다. 그러므로 부모님 의견을 따라야 합니다.

❷ 집에 오면 스마트폰을 보관함에 두고 필요할 때만 씁니다.

❸ 잠자리에 들 때도 스마트폰을 보관함에 둡니다.

❹ _____는 유튜브, 틱톡 등은 집에서 태블릿으로 봅니다.

❺ _____는 스마트폰으로 가족, 친구, 선생님과만 연락합니다. 모르는 사람이 연락하면 부모님께 반드시 알립니다.

2. 스마트폰 기능과 사용 시간

❶ _____는 스마트폰의 전화, 문자, 카메라 기능과 _____, _____ 앱을 씁니다.

❷ _____는 _____ 앱을 하루에 _____분만 씁니다.
_____는 _____ 앱을 하루에 _____분만 씁니다.
더 길게 써야 할 때는 부모님의 허락을 받습니다.

❸ _____는 스마트폰과 태블릿을 합쳐서 하루에 _____ 동안만 씁니다.

3. 스크린 타임 관리

❶ 매주 _____요일에 부모님과 함께 스크린 타임 기록장을 쓰면서 스크린 타임을 점검합니다.

4. 스마트폰 없는 날

❶ 매주 _____요일은 '스마트폰 없는 날'로 보내기로 약속합니다.

5. 스마트폰 안전 규칙

❶ 걷거나 뛸 때 스마트폰을 쓰지 않습니다.

❷ 스마트폰으로 몸을 찍은 사진과 영상을 누구에게도 보내지 않습니다.

❸ _____는 스마트폰 비밀번호를 부모님께 알려 줍니다.

❹ _____는 부모님이 허락하는 앱만 설치합니다.

❺ _____는 스마트폰 자녀 보호 기능을 사용하는 데 동의합니다.

❻ 멀티태스킹을 하지 않습니다.

6. 스마트폰 사용 예절 지키기

❶ 식탁에서 스마트폰을 쓰지 않습니다.

❷ 누군가를 욕하거나 기분을 상하게 하는 문자, 이메일 등을 보내지 않습니다.

❸ 식당이나 버스, 지하철, 공공장소에서는 큰 소리로 통화하지 않습니다.

❹ 영화관에서는 스마트폰을 꺼 둡니다.

7. SNS 사용 규칙

❶ _____는 15살이 될 때까지 SNS 계정을 만들지 않습니다.

8. 계약 위반 페널티

계약서에 적힌 약속을 어겼을 경우 아래 보기 중 하나를 골라 페널티를 받습니다.

- '스마트폰 없는 날'을 하루 더 늘린다.
- 약속을 어기게 만드는 기능이나 앱을 지운다.
- 반성문 _____장을 쓴다.
- 벌금 _____원을 낸다.

계약서 내용은 가족회의를 통해 고칠 수 있습니다.

아빠:_____ 엄마:_____ ____:_____

스크린 타임 기록장

1. 이번 주에 스마트폰과 태블릿을 사용한 시간만큼 칸을 색칠해 봐.

	월	화	수	목	금	토	일
150분							
120분							
90분							
60분							
30분							

2. 이번 주 총 사용 시간: __시간 __분

3. 이번 주 하루 평균 사용 시간: __시간 __분

4. 이번 주 가장 많이 사용한 앱: ❶ _____, ❷ _____, ❸ _____

5. 이번 주 하루 평균 스마트폰 깨우기 횟수: ____회

6. 계약 내용을 잘 지킨 요일에 동그라미   월 화 수 목 금 토 일

7. 스크린 타임 일기

_____

_____

_____

스크린 타임 기록장

1. 이번 주에 스마트폰과 태블릿을 사용한 시간만큼 칸을 색칠해 봐.

150분							
120분							
90분							
60분							
30분							
	월	화	수	목	금	토	일

2. 이번 주 총 사용 시간: __시간 __분

3. 이번 주 하루 평균 사용 시간: __시간 __분

4. 이번 주 가장 많이 사용한 앱: ❶_____, ❷_____, ❸_____

5. 이번 주 하루 평균 스마트폰 깨우기 횟수: ____회

6. 계약 내용을 잘 지킨 요일에 동그라미   월 화 수 목 금 토 일

7. 스크린 타임 일기

_____

_____

_____

스크린 타임 기록장

1. 이번 주에 스마트폰과 태블릿을 사용한 시간만큼 칸을 색칠해 봐.

	월	화	수	목	금	토	일
150분							
120분							
90분							
60분							
30분							

2. 이번 주 총 사용 시간: __시간 __분

3. 이번 주 하루 평균 사용 시간: __시간 __분

4. 이번 주 가장 많이 사용한 앱: ❶ _____, ❷ _____, ❸ _____

5. 이번 주 하루 평균 스마트폰 깨우기 횟수: ____회

6. 계약 내용을 잘 지킨 요일에 동그라미   월 화 수 목 금 토 일

7. 스크린 타임 일기

_____

_____

_____

스크린 타임 기록장

1. 이번 주에 스마트폰과 태블릿을 사용한 시간만큼 칸을 색칠해 봐.

	월	화	수	목	금	토	일
150분							
120분							
90분							
60분							
30분							

2. 이번 주 총 사용 시간: __시간 __분

3. 이번 주 하루 평균 사용 시간: __시간 __분

4. 이번 주 가장 많이 사용한 앱: ❶_____, ❷_____, ❸_____

5. 이번 주 하루 평균 스마트폰 깨우기 횟수: ____회

6. 계약 내용을 잘 지킨 요일에 동그라미   월 화 수 목 금 토 일

7. 스크린 타임 일기

_____
_____
_____

스크린 타임 기록장

1. 이번 주에 스마트폰과 태블릿을 사용한 시간만큼 칸을 색칠해 봐.

	월	화	수	목	금	토	일
150분							
120분							
90분							
60분							
30분							

2. 이번 주 총 사용 시간: ___시간 ___분

3. 이번 주 하루 평균 사용 시간: ___시간 ___분

4. 이번 주 가장 많이 사용한 앱: ❶_____, ❷_____, ❸_____

5. 이번 주 하루 평균 스마트폰 깨우기 횟수: ____회

6. 계약 내용을 잘 지킨 요일에 동그라미   월 화 수 목 금 토 일

7. 스크린 타임 일기

_____

_____

_____

스크린 타임 기록장

1. 이번 주에 스마트폰과 태블릿을 사용한 시간만큼 칸을 색칠해 봐.

150분							
120분							
90분							
60분							
30분							
	월	화	수	목	금	토	일

2. 이번 주 총 사용 시간: __시간 __분

3. 이번 주 하루 평균 사용 시간: __시간 __분

4. 이번 주 가장 많이 사용한 앱: ❶_____, ❷_____, ❸_____

5. 이번 주 하루 평균 스마트폰 깨우기 횟수: ____회

6. 계약 내용을 잘 지킨 요일에 동그라미   월 화 수 목 금 토 일

7. 스크린 타임 일기

_____

_____

_____

스크린 타임 기록장

1. 이번 주에 스마트폰과 태블릿을 사용한 시간만큼 칸을 색칠해 봐.

150분							
120분							
90분							
60분							
30분							
	월	화	수	목	금	토	일

2. 이번 주 총 사용 시간: __시간 __분

3. 이번 주 하루 평균 사용 시간: __시간 __분

4. 이번 주 가장 많이 사용한 앱: ❶ _____, ❷ _____, ❸ _____

5. 이번 주 하루 평균 스마트폰 깨우기 횟수: ____회

6. 계약 내용을 잘 지킨 요일에 동그라미   월 화 수 목 금 토 일

7. 스크린 타임 일기

_____

_____

_____

스크린 타임 기록장

1. 이번 주에 스마트폰과 태블릿을 사용한 시간만큼 칸을 색칠해 봐.

	월	화	수	목	금	토	일
150분							
120분							
90분							
60분							
30분							

2. 이번 주 총 사용 시간: __시간 __분

3. 이번 주 하루 평균 사용 시간: __시간 __분

4. 이번 주 가장 많이 사용한 앱: ❶_____, ❷_____, ❸_____

5. 이번 주 하루 평균 스마트폰 깨우기 횟수: ____회

6. 계약 내용을 잘 지킨 요일에 동그라미   월 화 수 목 금 토 일

7. 스크린 타임 일기

_____

_____

_____

스크린 타임 기록장

1. 이번 주에 스마트폰과 태블릿을 사용한 시간만큼 칸을 색칠해 봐.

150분							
120분							
90분							
60분							
30분							
	월	화	수	목	금	토	일

2. 이번 주 총 사용 시간: __시간 __분

3. 이번 주 하루 평균 사용 시간: __시간 __분

4. 이번 주 가장 많이 사용한 앱: ❶_____, ❷_____, ❸_____

5. 이번 주 하루 평균 스마트폰 깨우기 횟수: ___회

6. 계약 내용을 잘 지킨 요일에 동그라미   월 화 수 목 금 토 일

7. 스크린 타임 일기

_____

_____

스크린 타임 기록장

1. 이번 주에 스마트폰과 태블릿을 사용한 시간만큼 칸을 색칠해 봐.

150분							
120분							
90분							
60분							
30분							
	월	화	수	목	금	토	일

2. 이번 주 총 사용 시간: ___시간 ___분

3. 이번 주 하루 평균 사용 시간: ___시간 ___분

4. 이번 주 가장 많이 사용한 앱: ❶_____, ❷_____, ❸_____

5. 이번 주 하루 평균 스마트폰 깨우기 횟수: ___회

6. 계약 내용을 잘 지킨 요일에 동그라미   월 화 수 목 금 토 일

7. 스크린 타임 일기

_____
_____
_____

스크린 타임 기록장

1. 이번 주에 스마트폰과 태블릿을 사용한 시간만큼 칸을 색칠해 봐.

150분							
120분							
90분							
60분							
30분							
	월	화	수	목	금	토	일

2. 이번 주 총 사용 시간: __시간 __분

3. 이번 주 하루 평균 사용 시간: __시간 __분

4. 이번 주 가장 많이 사용한 앱: ❶ _____, ❷ _____, ❸ _____

5. 이번 주 하루 평균 스마트폰 깨우기 횟수: ____회

6. 계약 내용을 잘 지킨 요일에 동그라미   월 화 수 목 금 토 일

7. 스크린 타임 일기

_____

_____

_____

스크린 타임 기록장

1. 이번 주에 스마트폰과 태블릿을 사용한 시간만큼 칸을 색칠해 봐.

150분							
120분							
90분							
60분							
30분							
	월	화	수	목	금	토	일

2. 이번 주 총 사용 시간: __시간 __분

3. 이번 주 하루 평균 사용 시간: __시간 __분

4. 이번 주 가장 많이 사용한 앱: ❶_____, ❷_____, ❸_____

5. 이번 주 하루 평균 스마트폰 깨우기 횟수: ____회

6. 계약 내용을 잘 지킨 요일에 동그라미   월 화 수 목 금 토 일

7. 스크린 타임 일기

_____

_____

_____

스크린 타임 기록장

1. 이번 주에 스마트폰과 태블릿을 사용한 시간만큼 칸을 색칠해 봐.

150분							
120분							
90분							
60분							
30분							
	월	화	수	목	금	토	일

2. 이번 주 총 사용 시간: __시간 __분

3. 이번 주 하루 평균 사용 시간: __시간 __분

4. 이번 주 가장 많이 사용한 앱: ❶_____, ❷_____, ❸_____

5. 이번 주 하루 평균 스마트폰 깨우기 횟수: ____회

6. 계약 내용을 잘 지킨 요일에 동그라미   월 화 수 목 금 토 일

7. 스크린 타임 일기

_____

_____

_____

글 전해리

(주)넥스트마인드 대표이자 한국언론진흥재단, 영상물등급위원회, 방송통신심의위원회 미디어 리터러시 전문 강사입니다. 10년이 넘게 미디어 리터러시와 기후 변화를 주제로 어린이와 청소년을 만나며, 이들의 비판적 미디어 활용 역량을 키우는 방법을 연구하고 있습니다. 공부인 줄 알고 시작했는데 게임하듯 놀다가 개운하게 손을 탁탁 털고 일어나면 진짜 공부가 되는 콘텐츠를 만드는 데 관심이 많습니다. 함께 쓴 책으로 《초보쌤의 게더타운 입문수기》가 있으며, 〈우리 지역의 생활 미디어로 살기(전라편)〉(한국언론진흥재단), 「광고 리터러시 중등 과정 수업 지도안 및 교사 가이드」(한국미디어코칭협동조합)를 연구 개발하였습니다.

그림 원혜진

만화를 인생의 교과서로 삼으며 어린 시절을 보냈습니다. 쓰고 그린 장편 만화 《아! 팔레스타인》은 '부천국제만화대상 어린이상'을, 《필리스트》는 '레드 어워드상'을 받았어요. 그린 책으로 《책으로 집을 지은 악어》, 《프랑켄슈타인과 철학 좀 하는 괴물》, 《세상에서 가장 소중한 내 보물》, 《동물의 행복이 너무 멀어》 등이 있습니다.

어린이 실전 미디어 리터러시

실전편

초판 1쇄 발행 2025년 5월 14일

글 전해리 · **그림** 원혜진
펴낸이 이선아 신동경 · **디자인** 진보라
펴낸곳 판퍼블리싱 · **출판등록** 2022년 9월 21일 제2022-000153호
주소 서울시 마포구 신촌로2길 19 마포출판문화진흥센터 3층
이메일 panpublishing@naver.com · **팩스** 0504-439-1681

© 전해리 원혜진, 2025

ISBN 979-11-992278-2-8 74300
ISBN 979-11-992278-0-4(세트)

* 책값은 뒤표지에 있습니다.
* 잘못 만들어진 책은 구입하신 서점에서 교환해 드립니다.
* 이 책은 저작권법에 의하여 보호를 받는 저작물이므로 무단 전재와 복제를 금합니다.

성장의 발판, 도약의 구름판, 너머를 보여 주는 디딤판, 판퍼블리싱